オカアチャン1年生

トリペと2

コンドウアキ

Contents

私
人生初の育児に翻弄《ほんろう》されるキャラクターデザイナー。
タロウイチ
やさしくおっちょこちょいの夫。フリーのデザイナー。
トリペ
小さいながら圧倒的な存在感を放つコンドウ家の第一姫。

はじめに

前作、『トリペと　妊婦、はじめました』でやってきたトリペの
0歳の毎日を描いた日記が1冊の本になりました。
とりとめのない、でも何気なくもない、乳・乳・ウ○チ・抱っこの
毎日を、一緒に楽しんでいただければ幸いです。

トリペッ いくよ!!
……
ジョン!! おいで!!

第1章

トリペ

1. 親の愛

その名はトリペ（頂いたトリのぬいぐるみに激似だから）
トリペはしたい時に💩をかまし、乳を飲み、寝ては
騒ぐのであった…（序章）

断末魔のように泣く
トリペにかけよる私

もう
いらんわっ
うっ
ちょっ…
危ない…
シャーッ
ドカッ
腹いっぱいになると
自ら乳にケリを入れて
その反動ではなれる
……
フーッ
親の愛なんて一方通行

はいっすいませんっ
きょえー
※いいから早く乳出さんかーいっ
ゲシッ
ゲシッ
ごきゅ
ごきゅ

お前さんがデブデブ太って力こめるから
ほら母ちゃん手首がやられて
ねむくて白目
きいてなーい

2.いただきもの

ちなみに姫です
はお仕事先の笑子ちゃんママからお洋服を頂いた。
コレかわいいねー トリペー♫
白地に小さいカラフルな花柄
トリペいいねーえ
ねー!!
ワク
ワク
服はとってもかわいいけど…
……
!!
……
…だっふんだ?
これでいい これで!!
ヘンなおじさん
はまった!!
ヘアバンド

トリペ

3.おさがり

はまたまた近所に住む
センパイの男の子から お下がりの
かわいい服をたんまり
手に入れた!!（ドラクエ風）
ミュンくん
（ジャニーズ系）
↑
まじで
かわいいっ ありがとうございますー
キャーーッ
使ってー

トリペー 今日は新しいお洋服だー
これかわいいぞぉ
……
!!
昨日はお洋服
ありがとう
ございました。
…1番上のボタンが
どうしても
とまりません…
ピコ
ピコ
……
ガーン!!
あれ、ミュンは6ヶ月まで
着てたんだけど…
♪
1ヶ月
いいもんねーっ ボタン1つあけとけばねー
ゲシッ
そんなことより乳を出せ
…あ、そう…
また飲むの…
別にいいけど…
ごきゅ
ごきゅ

コンドウの こぼれ コラム

1ヶ月。ほぼ、記憶にございません。まあ、寝てたんですね。あっち(子)も寝てるし、こっち(母)も眠いし。先輩母からきたメールが忘れられません。「3ヶ月! 3ヶ月までがんばんな! そしたらちょっと慣れるから!」。先輩の言うことは本当であった。まあ、お互い顔合わせたばっかですからね。慣れるのにも時間がかかるもんです。

トリペ

4. 初めての整体

シャーッ

その日 私は….

中国整体
年中無休
……

初めて 整体へ 足を ふみ入れる
ことと なってしもた。

ピシャーン
ずっしり…

首の座らない 6000g トリペの 日々の
重さにより、体が 悲鳴をあげ
とうとう 右半身がやられ、右を向けなく
なってしもたのであった…

ソコニ ヨコニナッテ
カタ
カタ
2人っきり…!?
え…

中国人の 先生は 腹話術の 人形
みたいな人で

チカラ ヌイテー
そんなこと 言ったって… いたくてよ…
ぐい
ぐい

うつぶせにされて ツボを 押されまくる…

カタ
ビクッ
ボソ
ボソ
いざとなったら 先に攻撃を しかけて…

先生が怪しげな音をたてたり、中国語で Tel
するたびに警戒する私

キョエーッ
おまえは一体どこで何しとんじゃー
ゲシッ
ボコッ
甘んじて受け入れましょう あなたの怒り
トリペ…
…そんなに泣いたら息が止まる…
真っ赤…
ごきゅっ
だって…右向けなくて全身痛くてよ…
つかむ腹の肉
それ3回はかかるよー
明日もおいでー
よく温めてねー
ハ～イ
フラ
フラ
…でも何事もなく無事に終わり
買い物をしてると
ヴヴ
スゲイむずかってます
口をへの字にまげて…
買い物は行くから
なるべく早く帰って
下さい…
トリペッ 母ちゃんだ!!
トリペーッ
ズシカー!!
やっぱ母がいないとダメなのねーっ
余談
チョコレートをかじったら
奥歯の詰め物がとれちゃった…
よりにもよって
…こんな時に…
アタシのバカ…
次は はいしゃ?!

トリペ

5.夜あそび

トリペを寝かしつけた後は大人の時間…
…というわけで「もじぴったん」をやるワタシタチ。
寝不足
※もじぴったん→ゲーム。文字を組みあわせて単語をつくっていく、クロスワードのようなパズルゲーム
ぬっふっふ
…や、やるやないか おぬし…
なかなかうまく単語をつくっていく夫
オレはこのゲームをやるために生まれたのだっ
ふんぬーっ
…アータの人生ってそんなもんなの…?
ちょっと不安なんだけど…
うわっちょっとバカ発言しちゃった!!
ナシ!! 今のナシねっ
いや、ま、いいんスけどね
とか言ってたら
あ
このゲームやるために生まれてきた男、惨敗
Win!!
……

☆トリペ情報☆
最近トリペは泣きながら呼ぶとき
まうわう あーー
…と言うので
どうしました マウワウアー さん
まうゎ
…と呼ばれている

トリペ

6. ゴキゲンのわけ

トリペは2ヶ月に入ってから
はっきりと笑うようになってきた…

こんな時は…

timeなのです

★余談★

最近、トリペは午前中より午後、
前より 後のほうが
顔がスッキリしている…

トリペ

7. あっかんべー

「特にベロを出したり、などが分かりやすくて、マネもしやすいです」

…と書いてあるので早速やってみる

トリペは全くマネをしてくれなかった…

が、私はあきらめなかった…3日間ほどは…

↑あさっての方向を見てごきげんトリペ

…そして私がアカンベーのことを忘れた4日目…

それ以来

料理中も…

朝おきた時も…

けいたいを向けても…

親の期待に見事にこたえたトリペ…

トリペ

8.ワタシって…

お買い物の帰り
シトシトピッチャン
シトピーッチャン
ベビーカーを押す時のテーマソング「子連れ狼」
…
直射日光が厳しいため屋根をかぶせられてるベビーカー
いますよ
前を若いカップル夫婦と子供が歩いてた
かわいいね…
ちょっとアンタアンタ
知らないおばあちゃん
ハイッジャーンプ!!
キャーッ
あんた、あの家族の？
いえ、違いますけど…
どうも前歩いている家族の連れかとききたかったらしい
…
あ、そう
スタタタ
かわいーわね〜 いくつ？
もしかしてワタクシ、前にいるキラキラ家族のお手伝いさんか何かに見えたんでしょーか…
なんじゃーいっ この姿見たらふつうお母ちゃんとその子供だろうがっっ
…

トリペ

9.はじめてのコトバ?

…今ウ〇コっつったよね…
ええ…確かに言いました…
ウチのガブリエルはしゃべるんざますのよー
それはまるで
ゴワン
…と同レベルだったけど…
ウンコッ
えぇ?!
ええっ?!
…突然発した問題発言…
単語的に上品じゃないのでなかったことにしましょう
ええそうしましょう
マズイコトにはとりあえず目をつむっとく

コンドウのこぼれコラム

2ヶ月。まだ慣れず…デブトリペにやられ、からだバリバリです。この時期、腱鞘《けんしょう》炎になる母もよくいます。寝不足、バリバリのからだにムチうって、赤子と遊ぶ日々。コミュニケーションがちょっととれてくる(ただし、かなり一方的)ので、少し面白いのですが、やはり頭の中は『寝てえ～～～!!』ばかりでした。

トリペ

10.思わぬ反応

いつもタヌキさんじゃ芸がないか…
げーんこつ山の♫
変な音を出してみよう…
じゅ〜〜っぱっ
!!
え…っ?!
ラーっほっうほっうほっうほーーっっっ

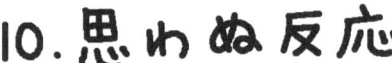

このゴリラのような声は何?!
ト…ト!!ペこれ好きなの?!
もう一回…
じゅ〜〜っぱっ
うーっほっうっほっうほーっ
やっぱり好きなのか…!!
大興奮
でも…何でゴリラ…?
じゅ〜〜ぱっ
と思いつつやる
ラーほうっほうほーっっ

トリペ

11. ゆるゆる涙腺

トリペが 下痢をした
急げーっ 病院だっ
オムツ入り バッグ
大丈夫 大丈夫
先生
よかったー
チッチキチーに 似ているなあ
さあよかった 帰ろう
ギャーッ
小児科は 至るところで 子供が 泣き出す
うちのトリペは かしこいので
あっトリペ 大丈夫 大丈夫!!
トリペは 終わったでしょ?!
じわ…
子供の泣き声をきくと 自分も痛い目に あうと思い、みるみるうちに 涙目になるのだ…
(でも直接痛くはないので 食いしばって ガマンしている)

ほらお薬もらって 帰ろう
薬局でも…
げっ
うわあーん
わーっ 大丈夫っ 大丈夫!!
じわ…
トリペは かしこいね～
えっく
…かしこいんじゃ なくて、ビビり なんですよ、きっと…

トリペ

12. 母の子守り歌

トリペが寝つけない時は
子守り歌を歌います

トリペ

13.不良ベイビー

最近…
ん?
も…もしや これが噂の…
ニタァ〜
にぎにぎ
トリペはニヤニヤ笑ってこっちを見て まじめに乳を飲まない
ニヤ ニヤ
遊び飲みっ!?
説明しよう!!
"遊び飲み"とは 自我のできた赤ちゃんが、周囲に気をとられたり、乳の飲みたい量を調節したり、とにかくマジメに一心不乱に乳を飲まないことなのだ!!
あぐ あぐ
ニヤ ニヤ
おいおい それは手だよ
おいおい どこいくんだよっ
もー
ごく ごく
おー ようやく飲み始めたか…

ファ…
ごくごく
はくしょいっ
びくっ
……
もう飲む気がうせた
飲みなよっねっ
ご…ごめんっもうしないよっ
フーッ
なんだこの敏感さ…受験生か…
昼間不まじめなので
夜中何度もおきる
おのれ〜
フラ
フラ
ギ〜
おそい
早く
乳出せ

トリペ

14. 児童館デビュー

「たぬきさん」ばかりではワンパターンなので児童館の「0歳児手あそびクラブ」に行ってみる

0歳とひとくちにいっても色々…

はじめての場所に少なからずコーフン
ラー
あーっ
だーっ
キャー
コローン

妊娠中からのおともだちに会えちょっとホッとする私

わーっ久しぶりー
トリペちゃん大きくなったねー
3ケ月センパイのおじょうさん

そ…
トリペ、生まれてはじめての友情!!

トリペちゃんのこと好きなのーっ?!
キャー
かわいい…
写真とっとこ

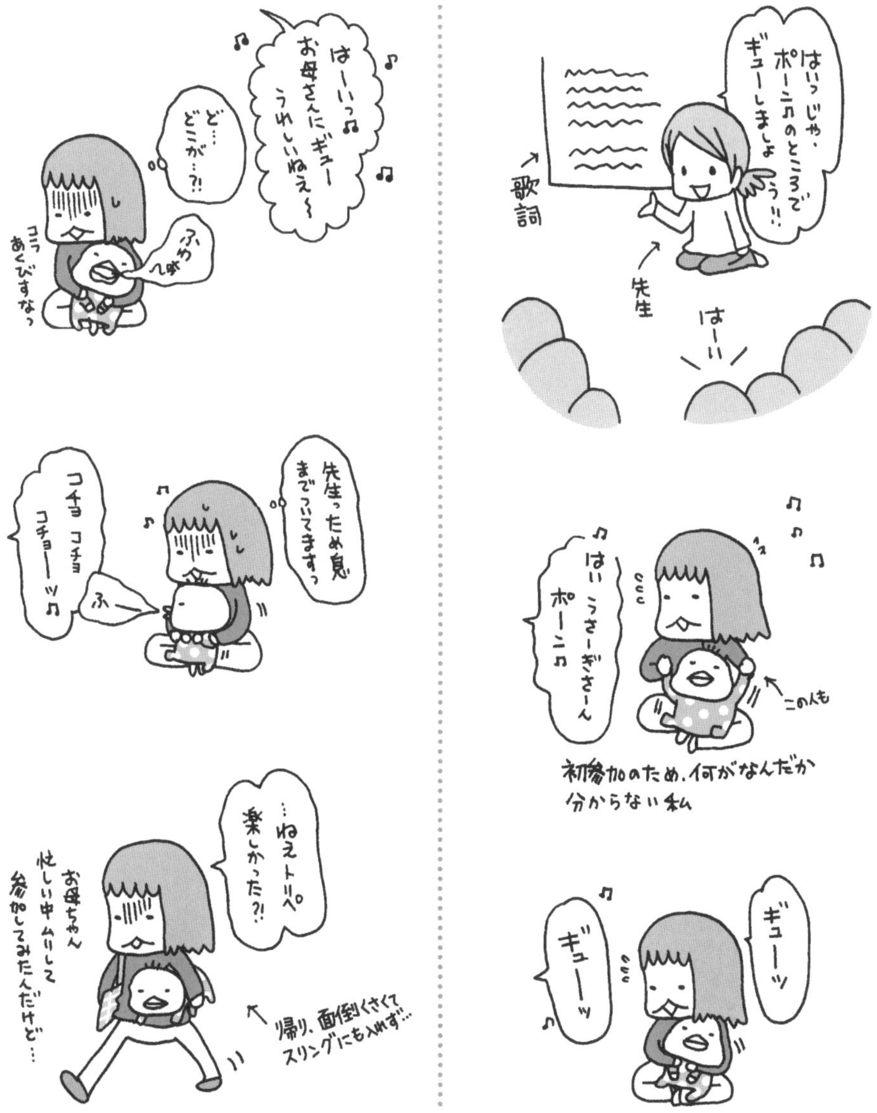
はいっじゃ、ポーン♫のところでギューしましょう!!
歌詞
先生
はーい
はい うさーぎさーん ポーン♫
この人も
初参加のため、何がなんだか分からない私
ギューーッ
ギューーッ
はーいっ♫ お母さんにギュー うれしいねえ〜
ど…どこが…?!
コラ あくびすなっ
先生ったため息までついてますっ
コチョ コチョ コチョーーッ♫
ふー
…ねえトリペ 楽しかった?!
お母ちゃん忙しい中ムリして参加してみたんだけど…
帰り、面倒くさくてスリングにも入れず…

コンドウのこぼれコラム

3ヶ月。一方的だったコミュニケーションが、通じる(こともある)ように…! この頃は、時期的なものもあり(冬)、感染症がこわかった…。病院選びにもいろいろ頭をつかいました。予約ができるところ、先生の雰囲気、出される薬の量…。情報を得たくて児童館にも行ってみたりするものの、最初は気疲れだけして帰ってきたりして。なんでもデビューは大変だなあ。慣れてしまえば、どうってことないんだけど。

後日談
…風邪もらっちゃいました‥
最悪っス…
トリペ…
うつらないで〜〜
どうしよーーっ
ゴラッ

第2章

トリペ

15.トリペは王様

あのね トリペは 4ヶ月になって いろんなコトが できるように なったんだよ。
トーリペッッ♪
なにかと うるさいコヤツも…
わし
目がっ 鼻がっ
ひとつかみで ノックアウトさ
おいっ そこの メガネッ
あう゛
あだだだ
大事なのっ これは大事っ
高い 高いをせよ
たかいたかーい
低いっ 低いっ!!!
…高い 高ーい 超高ーい
休むなよ 休んだら どうなるか分かってるな

…ん?
もうそろそろ風呂にでも入るかな

ギョエ〜
ギョ
ギョヨ
風呂!!
風呂!!
風呂!!

ひー…
ひぃー
ガツ
ガツ
ガツ
ガツ
ガツ

ねーんねん♪
マウアウ〜
まだ寝ない
まだ遊ぶんだ

いい子〜だ♫
まだ…
マ…
ぐー…

傷だらけだが…
フッ
ニヤ…
おぬしもまだまだよのう…
ひっかかれた
つねられた

★おまけ★
髪ひっぱってはなさない
ぎゅー
うぎぎー!
あだだだだ
子
顔面に両足でケリ
こういう時 どうしようかと思う…

トリペ

16.人見知り

まさかなー‥とは思ってたのだが

お仕事先の方にも…

見知らぬ人を見ると
トリペは泣くようになってしまった
先月まで全く平気だったのに…

友人たちにも

生協のお兄さんにも‥

これは…
人見知り?!
でも人見知りって7ヶ月とかからじゃないの?!
あー笑った〜
ホッ…
ニヤリ…

ちょっとしたら慣れるんですがね…

そういやさ〜赤ちゃんの頃、何度も髪を剃っとくと髪がたくさん生えるらしいよ
剃っちゃえば?
ガーン
剃る?!
じわ〜

あ〜あ〜 編集さんが剃るとかいうから
うわああ〜
髪は女の命なのにっ
えーっ

もう いちいち 大騒ぎ

トリペ

17. 4ヶ月健診

私はね〜 とても楽しみにしてたんですよ 4ヶ月健診
同じ月齢の赤チャンとトリペがどんな風にコミュニケーションとるのか…♡
ヴ
ギャワー
トリペ、全く周り見えてません
ひーっ
ギー
うわああああ
すいません すいません
まだ体重をはかる前だというのに、率先して爆泣きし、周りのベビーちゃんの不安をあおりまくるトリペ
あーあ帰ってこーい トリペーッ
ヴわあぁ ヴわあぁ
しかも ものすごく 声がでかい
どんなになだめすかしても 一向に泣きやむ様子なし
そうか…そんなにBCGやなのか…
ヴわあああ ヴわああああぁ
そう…やなのね? トリペ
お母ちゃん分かった
ひく

すごく泣くから
お母さん抱っこしててねー
熱は？ 体調は？
36.8℃です!! 特に問題ありません
きっぱり
うゞわあああ〜っ
(裏切者〜!!)
のどもはれてませんね OKです
ありがとうございます
うゞわあぁあぁ
スタスタスタ
うちのもよく泣くけど、もっとすごいのもいるなぁ…
うゞわあぁあぁ
その頃のタロウイチ
実はワタミなんですが
とにかくずっとずっと大声で泣き続けたのであった…
こりゃBCG受けたの気づいてないな…
終わったらピタリとやんだけど、泣きすぎて放心状態
ふ〜
……
えっあの爆泣きしてたの、うちのコだったの?!
トリペ〜 みんなに迷惑かけて〜
ぬっ
プイ
しらんも〜ん

トリペ

18.至福のとき

あーーっもう
腰も肩もいたいよっ
↖仕事
!
あの〜 2時間ばかり
いただいてもよろしいですか？
あー 整体？
どうぞどうぞ
いそいそ
コソコソ
整体も行くんだけどね…
その前に…
ガショガショガショ
あー 自転車ってどんなんだっけ
うまくかけないや
チャポン…
ふーー
温泉!!
チャポン…

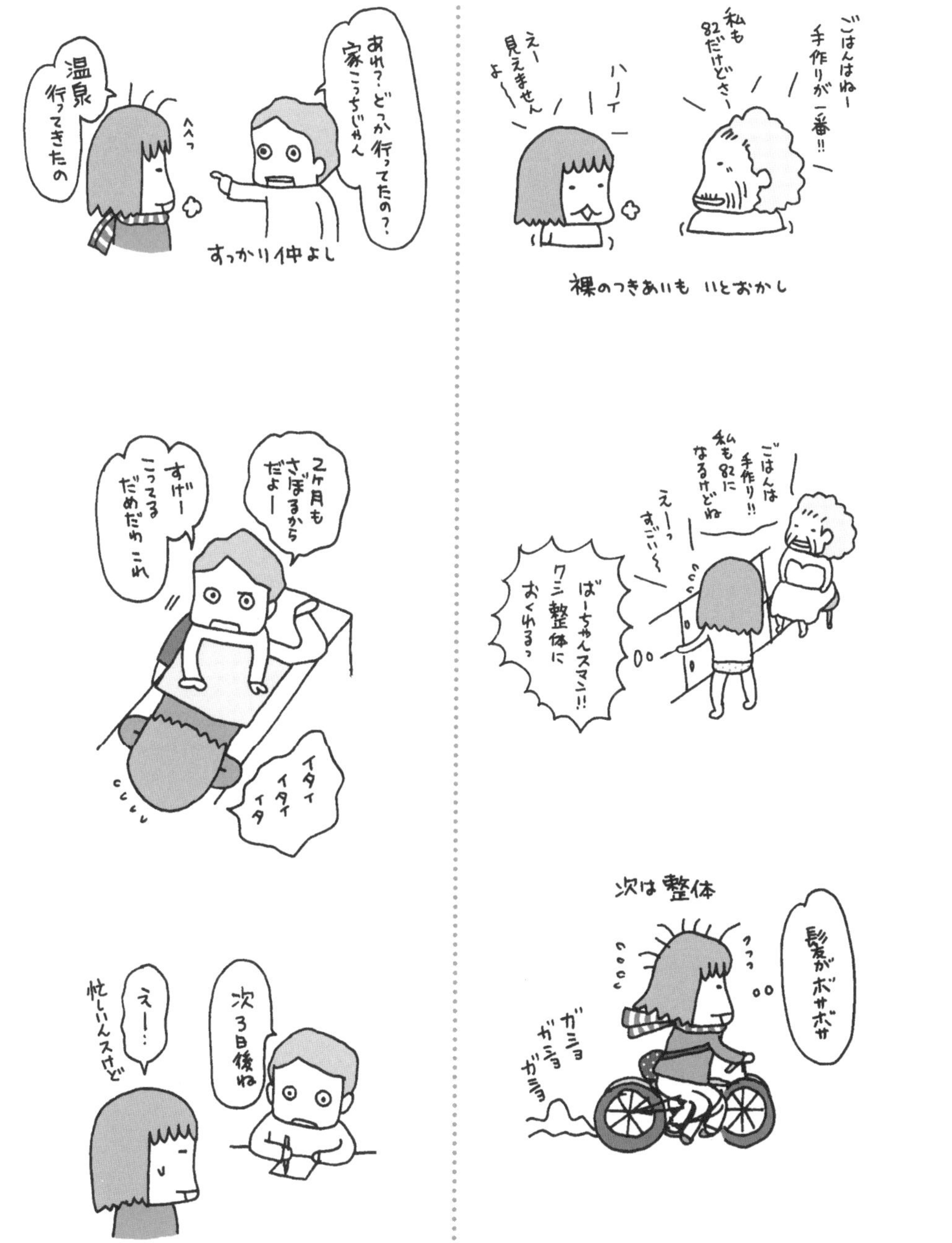
ごはんはねー 手作りが一番!!
私も82だけどさー
ハーイ
えー 見えませんよ〜
裸のつきあいも いとおかし
ごはんは手作り!! 私も82になるけどね
えーっ すごい〜
ばーちゃんスマン!! ワシ整体におくれるっ
次は整体
髪がボサボサ
ガショ
ガショ
ガショ
温泉行ってきたの
あれっ? どっか行ってたの? 家こっちじゃん
へへっ
すっかり仲よし
2ヶ月もさぼるからだよー
すげー こってる だめだわ これ
イタイ イタイ イタ
次3日後ね
えー…
忙しいんスけど

急いで帰ったら…

夫は知らない 秘密の2時間♡

トリペ

19. 寝返り

思えば
彼女はよくがんばっていた…
どうおりゃ〜〜っ
他の赤ちゃんもこんな声出すのかな…
寝返り練習中(だと思われる)
ん?
おわあ〜〜ん
!!
んじゃ、あとよろしくー
仕事すっから
ん
……

ちょっと来てえ～
!!
ぶーっ

トリペがひっくり返ってる!!
おゞわゞ～
なんでっ?!
えーっっ?!

寝返ったの?!ねえトリペ!?
どうなの?!ねえトリペッ
おわ～おうーっ
…でもそれどころじゃない感じ…
真実はトリペのみが知っている…
(大人2人が同じ部屋にいたのに…)

おまけ
最近私が忙しいので日中は夫がトリペを見てくれてます
すまんね
あう
静かなのでのぞいてみると
寝たのかな…
おだやかな顔で見守っている
ぐう
寝かしつけられている…

トリペ

20. 地蔵まで待て

あ゛うあく

夫は寝かしつけが下手であった

でもちゃんと寝てから置いてるよー
それは"仮寝"です
まだか… まだか…
体が石のように重たくなるまで待つべし!!
…どうしてうまくいかないんだろ…
そりゃあなた…
キィ
ヨレ
ボロ
ずばり置くのが早いっ
えぇっ?!

地蔵きたーっっ
ガクン ガクン
ずこリ
お…おおっ!!
ジー
すごいよっ ホントだっ 地蔵になる瞬間があるっ
石のように
= 地蔵
あ…うん
寝かしつけ = 地蔵になるまで待つべしっっ
地蔵…なるほどねー
トリペ おまけ
おぐ
トリペ 指(手)しゃぶりは 両手いっぱいで いきます
オエ
!
ゴフッ
うわあーん!!
だからせめて片手にしなさいって…
これを日に何度も何度もやる

コンドウのこぼれコラム

4ヶ月。トリペを揺らしたり、抱っこしたり、おんぶしたり、おっぱいしたり…とにかく“寝つくまでは腕の中よ!”というヒトでしたので、寝かしつけは非常に大変でした。置くと起きるし。しかし途中で気づいたのです。寝てしばらくしたとき、深い眠りに入ることを!『寝た……!』と思っても、ひと呼吸が必要です。ちょっとの焦りが、「1時間“揺らし”延長お願いしまーっす!」ということにもなりかねないので。でも、置きたいんですよ…! もう1時間半も揺らしてんだから!

トリペ

21.成長…①

ラぬー
私は今悩んで困っていた
ハンスト!!
バミーッ
プーイ
トリペが ほ乳ビンを 嫌がるのだ
(冷凍母乳もダメ)
試しにやってみた
ピキピキ
うー
そろそろ限界…
進行止めをしていた虫歯の治りょうに行きたいけど
麻スイを使用するため 3日断乳をせねばならんのよ…
昼寝でそい寝
トリペ〜 ハンストしないで飲みなよ
?
オイッチニ
オイッチニ
ジュー
ジューッ
それは鼻っ
それは鼻っ!!

トリペは足をふんばることにより
上への移動が可能になりました

トリペ

22. あいの手

トリペがスキなのは
五味さんの「そらはだかんぼ」!!

なぜ分かるかというと…
アウ
めんどうだけどね
さきっぽひっぱ!!ゃ
?
アウ
すぽっとぬける
えーーっっ?!

どうもトリペはページをめくる
一瞬前に
合の手を
入れて
いるのだ…!!
アウ

何度読んでもページめくる直前に言うんだよ～っ
かわいい～っ
他の本はどうなんだろ
全然きいてもいない!!
他の本では やりませんでした。
…でも「そらはだかんぼ!」では…
アウ
すぽっとはずして
そっか!! はだかんぼがスキなのか～っ
かわいい上にかしこいね～っ
親バカ大暴走!!
わっしゃ～っ
ニタァ～

ねえ父の本
では
どうだった?!
えっ

選考にもれた山
父作の本

合格、
一冊だけだからっ
5ヶ月には
まだ早いのよっ
……
子は親の
期待通りには
いきまへん。

☆おまけ☆
トリペちょっとの間
おすわりしま～す
ぐら
ぐら
上手ーっ
パチ
パチ
ニタ～～ア

トリペ

23.おねつ

おかしいなーと思っていたんスよ
なんだか元気がない‥
‥‥
?
ねつはないよねー‥
オッパも飲んでるし‥
‥‥
トーリペッ
トリペやーい
‥‥
目をあわせない
今日重いよねー
重い。ズッシリしている
‥‥
伏し目がち
力が入ってない

深夜 0:00
いつものように
ふえ〜
オッパだね〜
あいよー
!
あ…
あついっっ
ホカ
ホカ
なぜ深夜に……っ!!
出ました
38.8℃……!!

病院いく? タクシー呼ぶ?
えーと ちょっとまってよ〜
0歳の病気の本
・3ヶ月未満である → ×
・水分がとれない → ×
・ぐったりしている → × 泣けている
・おしっこが → ×
チッ
チッ
チッ
診療時間内に病院へ
ポーン!!

朝は病院へ…

月齢的に突発性発疹かなー
熱下がらないと発疹出ないしねえ…

…と言われるが

てへり

何事もなく熱は下がり、
発疹も出なかった。

知恵熱？

何だったんだろう‥
あの熱…

一応母にも確認し

今、行かなくて朝でいいよねえ
母
大丈夫でしょう お大事によ〜
お布団涼しくしてやりなー

がばっ
アウ
アウ
しんどそう
体温計

夜はほとんど不眠態勢で
水分を与えまくる

トリペ

24. かゆかゆ

トリペかゆいところをかけるようになりました。
ぼり
ぼり

トリペにかゆかゆが出てしまった。

先生
あー…これは…お母さん卵たべる?
?
いえっもともとそうスキでもないので…
…そうマヨネーズは?
使いません
ふぬっ
プリンは?
…食べました…
……

じゃっ
除去していきましょーか
それで様子みてみましょ
…はい
コラコラ
イクラとか魚卵もだめですよ

あと歯の治りょうで2日程ミルクにしたいんですけどこのコほにゅうびんだめで…
そりゃそうでしょうなあ…

えーーっっ
卵除去!?
むっかしーいっっ
イクラ大スキなのにーっ

練習あるのみ!!
夜、寝っく寸前お父さんとかに頼んでやってみて
ムリ強いは絶対ダメ
母は乳の匂いがするのでダメなんだと

できるかなあー
にゃはー
今晩から勝負だっトリペ!!
頼りない援軍

トリペ

25.ほにゅうびん計画①

トリペ ほにゅうびん計画 ①
早くのめるようになって〜っ
…とかきながら歯がいたーい進行止めしてるけど…
じゃあ・寝室のでんきが消えたらそこのミルクもってきてね
ねそうになったら消すからっ
うん
ねーんねーん
よしよし
コリコリ
ピッ
電気off!!
うとうと
こっそり
入ってヨシ!!
コクン
コッ
!?
コッ
フタ?!
なんでほにゅうびんにフタを…?!
何でここであける!?
!!
パカンッ
ぴく…

!!
あっ
びくぅっ
カローン
ぎゃあ あああ
あっ あほか!!?
パク パク
ごっみ～ん
もう1回 ねかしつけるから 外にて待機せよ
うわあああ
はーい…
待機中
ねーんねーん♪
よし、もうちょっと…
いい子～だ ねんねしな
うとうと
よし そろそろ… 呼ぼう…
起きろーっ
ぐぅ ぐぅ
第一夜 失敗。

トリペ

26. ほにゅうびん計画②

2日目

コンドウのこぼれコラム

5ヶ月。この頃は四六時中、卵のこと考えてました。当時は授乳中の私も完全除去ということだったので…卵ってつなぎもあわせると、いたるところに入っていまして。麺にも! パンにも! 世の中は卵だらけじゃ! と。卵に、寝不足に、仕事完全復帰で保育園に…と精神的に非常にまいっていた時期です。せっかくカワイイ時期だったのに、惜しいことをした…。

トリペ

27. 仕事復帰へ

山積み
……
4月から仕事、本格復帰なので
…とはいいつつ、ずっと色々やっていたのだけど
……
トリペは保育園に行くことになった
思えばこの数ヶ月、ずーっと悩んだものだ
いや、今でも正直悩んでる
ひもをなめしゃぶりあそぶかわいいトリペ
何とか仕事しながら育てられないものか…
動かないうちはオンブに抱っこで何とかなったけど
この先どんどん目がはなせなくなるし、
ずっと家にこもってオンブは彼女の成長をせばめることになる
ああっ
ずいる
ずいる
ゴニョ
ガニョ
幸いいくつか見学に行った保育園の中でも

(説明受け中)
それでね
あー
園長先生

あー
にっこり

じわっ

うわあぁ~~
こんなに小さいのに……
大丈夫大丈夫!!
心配しないで!!
ね!!

いきなり泣いて なだめてもらった
園長先生の保育園に決まったので
少し安心している

あう
早く終わらせて
早く迎えにくるからね
トリペ

全国の働くお母さんも せつない思い
してるんでしょうねエ…
そしてご自身で育てている お母さんも
大変なんでしょうねエ…
みなさん がんばりましょう!
もちろん お父さんも!!

トリペ

28.よなべ入園準備①

そして私は毎夜
切ったり貼ったりぬったりしている
ちくちく
保育園もちもの
トリペの持ちものをそろえているのだ――。
寝返りのジャマになるTシャツの飾りをとったり
かといってまるっきりの無地はつまらないので
小さなアップリケをつけてみたり

ノートに布を貼ったり
でーきた♫ あと名前を かかなきゃ
うまいじゃん アタシ
いざっ
ぷすーん
…字を かいたとたん …イキナリ 汚く…
…とまあ、これらはいいとして まだ大物が残っている…
いやだ… 見たくない…
それは、トリペお昼寝布団セットの シーツ作成や、タオルケットのボタン付けなど…

トリペ

29.シンデレラ

今日は久しぶりの
ミカバなの♡
(外)

友人の結婚パーティ♡
かーわいーい♪

今日は私の妹が
上京してきたため
トリペは一緒におるすばん
何かあったらすぐメールして
ばいばーいい

トリペー おとなしいイイコでいるんだよ
泣きますよ むろん。

なつかしい面々に
やせたとおどろかれる
まちがいなく乳のおかげ
大丈夫ですか?
やせたーーっ
えっうん
まあね
まあねってなんだ…

トリプ——ッ
ず
こまく…
破れるけん…
私たちはシンデレラ
長時間のシャバはムリなの

えっ
すごい
新記録!!
ミルク、あんま
飲まんかったわ。40ml!
あっさり妹に記録更新される

なーんだ
ごきげん
じゃん
ほっ
楽しそうな
写真も
送られてきて
ホッとしたのも
束の間…

パーティ終了直後
まだですか…
こまくが…
げっ

やせたー!!の言葉にいい気に
なってたが写真ではみんなと同じくらい
…ってどんだけ
太ってたんだ
今まで…
みんなの
記憶の中のアタシって…

トリペ

30. よなべ入園準備②

さて、トリペの持ちもの、大物に着手せねば…
0歳児ちゃんは各シーツのサイズをぬい縮めて下さい
プリント
ニュー
大きいまんまでいいじゃん… 20cmくらい…
…と細かい作業は苦手なので色々思うがやらねばならぬ…
えーっ
…というわけで今晩みんなでがんばろうね☆
遊びにきていた妹
さて、シーツサイズを縮めるのだが
アンタ、ミシン係ね
ぬうんはえーけどどうぬったらええんか指示して
分からん
そこぬうたらエエんじゃ!!
こんなとこぬうたらポケットできてまうわ!!
えーっどういうこと?!
ちょっとそこにひっ算してみぃ
ぎゃー
ぎゃー
ぎゃー
どれくらいぬうん?!
2人とも、ちょっぴりお脳が足りないので、どうしたらよいか分からない
なんか頭いたいんやけど
ねー
ムッ
逃げる気か…?!
薬あるよ
びっ
寝かせてよ〜〜
はいっ
途中逃亡は許すまじ

最初はお互いを愛称で呼んだりして
まだ余裕があったが 0時をまわった
頃からだんだん余裕がなくなる

無言。

そんな私たちをあざけり笑うかのように
ハプニング続出

イライラは
最高潮

とうとう
妹、キレる
忙しいから
保育園に入るんじゃっ
シーツなんか
多少大きくても
ええやないかっ
何枚も
何枚もっっ
そう思う
大は小を
かねる
しかし自分の愛娘の
ことなので文句は言えない

ボロ…
やっと…
寝れる…
結局大人3人で
4時間かかった集大成

お母さーん
残念〜っ
毛布カバーにスナップ
ついてたわー
しき布団カバーに
つけ直してねー
ガーン
やり直し。
おばの主張…
言うといてよっ!!
トリペにちゃんと
言うといて!!
このおばの偉業を…っ
ウン
ワカッタ。

トリペ

31. 父の寝かしつけ

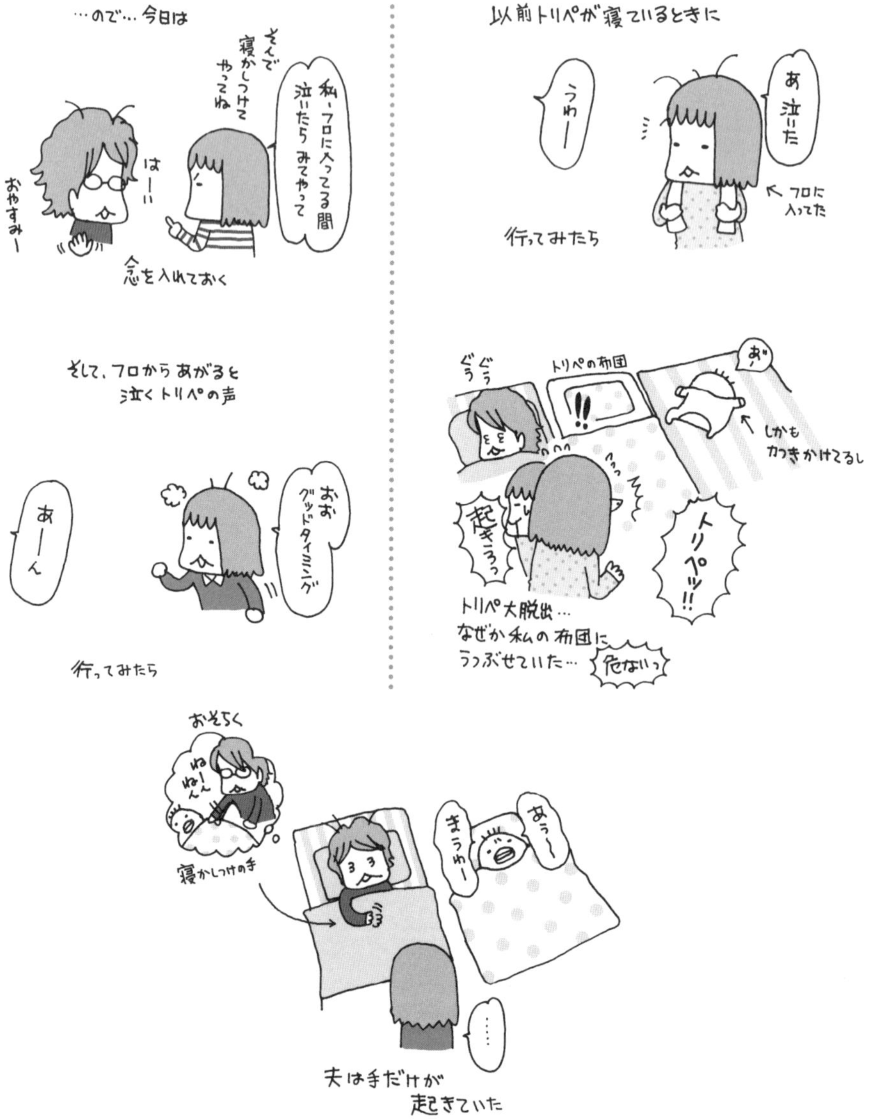

トリペ

32.祖母力

すまんの〜っ
バイバーイ

今回のピンチヒッターは私の母!!
長丁場で心配なので仕事を休んで
上京してもらう

6時間だからね〜〜
号泣してんじゃない!?

楽しいうたげをおえ、ガチガチのオッパを胸に
あわてて帰ってみると

やっほー!!♪

まったまた シャバでーす♡

今回は友人の結婚式+ひろうえん。

ラブリー♡

ウェディングドレスもかわいかったけど
お色直しの お着物姿が超かわいかった!
お人形さんみたい♡

みたことないくらいのハイテンション!!

ずっと超ゴキゲン…
大丈夫やろか…
うほーっ
!!
熱出るんじゃ…

しかも
トリペちゃん
チョーチチョチ
してごらん
パチパチ
!!
芸まで
仕込まれとるっ

色々して
遊んだ
♪
←ヤカンも
みがかれてた
ねーねーっ
今日何してたの?
スゲー
あ、ご飯
できてるよー

母すごし

ゲタゲタ
ゲタ
ウホッ
ト…トリペッ
どしたのっ
落ちついてっ
スクワット
スクワット

さすが…と
母の威力に感服

ゲタ
ゲタ
ウホッ
バーン
バーン
大丈夫やろか…

それは彼女が寝るまで続いた…

トリペ

33. プチ断乳

ぐいぐい
親しらず

私の親知らずはぐいぐい
歯ぐきの下で前の歯を押しまくり

ぴしゃーん

耳までくる痛みが私をおそい…

P.M. 6:00
大きくあけてー

どうにもできず、予定より早く麻スイを
使って治りょうが行われてしもうた…

…というわけで今晩断乳入りまーす
ごめーん
まあトリペもおなかすいたら飲むよ、ミルク…
まだほにゅうびん10mlしか飲まず

そうはいかんもーん

おとなりさんすいませーん
ギョエーッ

久々に出ました!! 暴れ泣き!! ほにゅうびんに
口をつけるなんてことは全くせんもーん!!!
ということで、夜中に大騒ぎ

泣き疲れて眠るトリペ

そして3時間ごとに

※いつもは3時間ごとで
爆泣きはしない

お腹がすく→泣く→お腹すく→泣く
と悪じゅんかんなので、ほにゅうびんは
あきらめ、離乳食の要領でスプーンで
あげると40ml飲む
(トリペの月齢だと大体200ml
くらいらしい…)

私が添い寝すると乳の匂いが
するのか

大急ぎで
あごやほっぺにすいついてくる

★トリペ慣らし保育3日目★
(1時間半預け)
お食事は食べるんですけど…ミルク飲まなくてー
それにしてもトリペちゃん声がすごく大きくてびっくり…
すいませーん
やっぱ大きいのか…
それで
お母さん相談なんですが…
今回の麻すいのきっかけもありますし
はい?!
母乳やめません?断乳…
そしたらミルクのむかも
コップも練習しますんで!!
今はまだキツイッ

明け方5時…4回目のミルク。
夫は
……
スス…
器用だなあ
スプーンを持って「おいしいねえ〜」を言う満面の笑みで…寝ていた。

コンドウのこぼれコラム

6ヶ月。保育園準備です。当時(預ける前ですが)、私は保育園にトリペをお願いすることに不安でいっぱいだったので、準備をするたびに泣けてきて、ずーっとかなしい気持ちで過ごしていました。救ってくれたのは、保育園の先生とトリペ本人。だんだん園にも先生にも慣れて、笑顔が多くなるトリペをみて、ああ大丈夫かもしれない、と思うように。先生はトリペの第二のお母さんたちでした。

トリペ、慣らし保育中。
2〜3H預けてます。
ランララー♪
トリペを迎えにいくと
?
まーくん〜 危ないから やめて下さ〜い
ガシャ
あひゃひゃ
楽しそう
ヨロ
ヨロ
1人の園児が
なわとびを全身を使って
ずーっとまわしていた…
(本人かなり疲労がみえる)
うん… まーくん やめときな
バターになるぞ

第3章

トリペ

34.まんま好き

トリペ
前がみ
おりてきました。
半ソデ
半ズボン
保育園スタイル
さて、最初は不安そうにしていたトリペですが…
ガチ
ガチ
お帰りなさーい
ひゃっほーう
トリペーーエッ
お世話になってますーっ
大分慣れてきた様子
トリペちゃんミルク50mlのめましたよ
ほにゅうびんとコップで♡
はい連絡帳♡
わーっよかったー♡
トリペちゃん食欲あってスプーンも自分で持ちたがるんですよねー
アフアフ
トリペッ
おちついてっ
そうなんです
そうなんです
プフー
それで「お?これは!」と思って食パンの耳を焼いたものをあげてみたら喜んでなめてましたー♡
ね!!
ねぶ
ねぶ
ねぶ
臨時おやつもいただいたようです。
よかったね…
トリペ…
目にうかぶようだわ…
ねぶ
ねぶ

トリペ

35. 父と娘①

いないいないバァとか 超よろこぶよー
あっ ホント?
いないいなーい…
バアッ
パッ
ギャギャギャッ
おおっ… 本当だ!!
すごい声だけど…
いないいなーい
バアッ
ギャギャギャッ
ホントだー
アッ
アッ
ぬーっ

バマッ
ギャギャギャギャッ
いないいなーい
バアッ
…って誰も見てなかったりして…
シーン…
もう他のあそびに夢中
あー
はいー
はい
どっかにでんわしてるし…

トリペ

36. 父と娘②

トリペの泣き声っ
あう～ゅ～
トリペッ
大変だっ
あぅ～
布団と布団の間にうつぶせでうまってしまってる
だっ
トリ…ッ
父ちゃんが助けにきたぞ
むく
な～んつって～
1人で起きれますよ～ん
ハンッ
……
トリペがっ
トリペがだました――っ
見てた?!
はやくしないと保育園おくれるじょ～
もぐもぐ
送り係
お迎え係

トリペ

37. 成長…②

先日ポリオの接種に行ってきました
トホホ
また爆泣きするんだろーな…
…と思ったら
ウエーン
ギャアァァァ
びょーん びょーん
泣かない!?
よその子の泣き声
うギャー
表情豊かですねー
プルルルル
パパパチパチ
他の子を称賛したりしてるっ
まさかの
終始ごきげんでした…
保育園のおかげだなあ…
キャッ キャ
おいおい!! すげーよ トリペーー!!

かまないでね♡
絵では細かくなってしまうので
はぶいていましたが
いんや かむ。
歯が2本生えてます
歯がた

トリペ

38. 座れます

G.W.です
ま…仕事もありますが
ん…？
パチパチパチ
座っとるがな!!
パチパチパチ
トリペすっげー!!
座れるのっ自分で!!
わしゃわしゃ
あー
大人はハイハイから座らないのにね
ドカリ
座り方、とかさー
どこで覚えるのかねー
あー
ガチガチ☆
最近は打ちならすのがお気に入り

39.おいでおいで

おいで〜
…と呼ぶと
行こうとするキモチ
ワタ
ワタ
行こうとするキモチ
ぐっ
ズズ….
ぐっ
ズズズ…
足より手の力が強いため
どんどん遠くへ….
わあああ
ハイハイハイ
結局 お迎え

トリペ

40. 工夫

同じ方向にばかりまわるトリペ

ゆら…
のろ
のろ
くるっ
あ!!
ガクーッ

反対側から呼んでみましょうか…
多分片方の手だけ強いのかと…
おお…なるほど…
トリペーッ
トリペやーい

…というわけで まわりぐせのある
反対側から呼んでみる…

41.愛は一方通行

今は川の字…
ふーん…
お母さんとの添い寝は赤ちゃんに安心とやすらぎを…
タロ
トリ
クミ
育児ざっし
トリペーもっと近くでねよっか♡ お母ちゃん近くでうれしいねー♡
自分で言いますよ むろん
そそそそ…
ごろん
えっ
おいおーい 一緒にねよーよ~
ギャ~
がばっ
器用につまむ
あだだだ
汗だく
ハァハァ
わ…分かったよう
でんっ
…たのもしい背中……
もちろん眠ってからこっそりと気づかれないように…
ガー
そっ
手だけでもつながせてね……

トリペ

42. 風邪よ、され!!

トリペがかぜをひいた。

最初耳鼻科に行っていたのだが
咳もひどくなってきたので小児科に行く

まず言い聞かせる

怒りはするものの、何とか飲んでくれる

不思議なもので
何も言わずに与えると

怒って吐く

だから毎回毎回お願いした

吸うべしっ
吸うべしっ
吸うべしっ
はがいじめ…
ずぞぞぞ
ギャアアア
ケリッ
ケリッ

今日も大量じゃー
…
ほうしん
ずん
ずん
ずん

あー
復活→
ゴフッ
ゲフゲフ
そして子の風邪の感染は早い

ワタクシうまいんでーす♪
← そして鼻吸いのプロ参上

鼻の構造は…
耳鼻科の先生に鼻吸いのコツを聞いてきたの

鼻は下にたまる。よって…

下に向かって…

トリペ

43.ハイハイ

トリペがムチャばかりしてるなあーと思っていましたら…
←つま先立ち
!
ハイハイしたっ
すったか すったか
目標物を自分でとって…
自分で座って…
ストン
すごいっ すごすぎるっ
パチ パチパチ
あー
パチパチ
自分で拍手…
わあっ
あ
ひっそり
こうなると急に真後ろにいたりしてすっげー びっくりする…

トリペ

44.ついてくる…

ハイハイができるようになったトリペ

ヨチヨチ
タッタッ

ついてくる…

ヨチヨチ

ついてくる…

すぐ!!
すぐ出るから
そこで待っててっ

ついてくる…

パタン…
すぐよー

……
ぎゃあーぐわあぁ～ん
バチンベチン
自主規制

…なに この落ち着かなさ…

静。
ギャーーッ
なにしてえんのっっっ
…赤子は静かだと
ロクなことをしてない…

…でも騒いでいる分にはまだいい…
居場所が分かるから…
トリペ?!
シ〜ン
さっ

トリペ…
シッシは
ここでやるのよ…
教育も
一緒に…
解決方法…これに落ち着いて
しまったけど 果たしてベストなのか…

トリペ

45.保育参観

はーい トリペちゃん パパにバイバーイ
いつもと同じように見えて…
いつもとちがう今日!!
バーン!!
かっぽう着
三角布
ジャージ
白くつ下
ババーン!!
何って今日はトリペのクラス参加日
今日うちが参観なんです
すごーい 分からなかったっ
他のお母さんたちにもバレぬくらいのカンペキな変装で
ココ…勝手に「宝塚センセー」と呼んでいる私タチ…
いいですか? 声を出してはいけません 目も絶対あわせないように!
子供はすぐ勘づきますから
先生に細心の注意払うように言われ…
いざっ
コンタクト
さっさかさー
不審
めくるめく0歳クラス!!
うおー かわいいー
立っち上手ー
うー
ウロウロ
おしっこかえよーね
あ

そうか…トリペはいつもこんなことして過ごしてんのか…
あ
ホロリ
…
くるっ
さっ
みんなマンマですよー 集まってー♥
ペタ
ペタ
ペタ
すごいっ ハイハイで集まってくる!!
かわいーっ
すごいね… 0歳といえどもエライわ…
…って
トリペちゃーん
名差しで呼ばれてるし…
おいっそこの協調性のないヤツ 何してる!!
あ〜♪
ムシ!!
1人だけっ
トリペちゃん来ないから先生迎えにあがりましたー
回収されてるし…
先生…っ すみませんっ
その後トリペは…

隣のコの食べ物に 手を伸ばしたり
待っている間 食べられるようパンの耳
にゅ
他の2人1組は 机がぴったりよりそっているのに…
トリペんとこだけ はなされていた‥
トリペちゃん待っててねー
トリペがとなりの子のごはんとるからだ…
ギャギャギャ
大ハシャギは見られず
やっぱ家よりは おとなし目で、ちょっと残念 「でもこんなものなのかな」と 思ってると
う〜ん
マンマンマンマ…
口の中の食べ物が なくなるとアピールしてみたり
はーい トリペちゃん待っててねー
呼ばれても行かなかったくせにっ
トリペは夢中になると口がとんがるのであった
リアルトリペの口
拡大
サー
園庭に出て お砂で遊んでみたり
夢中だね…
いつもより ちょっと 大人し目でした〜 見られてるの 気づいてたかな?
あらら… バレてたかー
赤子は空気の動きに びんかんです
トリペちゃーん
赤ちゃんかわいい〜
幼児クラスの お姉さんたちとの交流あり‥で1度も泣かず なかなか楽しそうにしていたけど

コンドウのこぼれコラム

7ヶ月。核家族の私たちにとって、保育園は非常にありがたい存在でした。ちょっとした疑問や不安を、すぐに質問できて、安心できる答えを返してくれる先生たちに会え、私も大分落ち着いて育児ができるように。ごはんを待っている間の、カリカリ“パンの耳”スティックも素晴らしいアイデア！　トリペもだいぶ社交的に。やっぱり育児って、みんなの力を借りてするに限る！と思った次第。

トリペ

46.世界よ、広がれ！

あー
ハイハイをして、世界が広がったトリペ
もっと…
もっと世界を広げたいっ
…と思ったのかどうか
?
のし
おしりふきをつくるカット綿
ぐっ
つま先だち
トリペッ?!
ごんごろりーん
ドーン

トリペッ?!
大丈夫??
……
じ…わ…
やばいっっ
わーっっ
スゴーイトリペッ
くるんってまわったねーすごーいっっ
……
パチパチ
パチパチ
パチ

あー♡
パアーッ
ひょい
ハー…
フー…

大ごまかし。

トリペ

47.今日のトリペ

きれいねー
「お花を見に園庭へ行きました」
あー
ぬ
「トリペちゃんは
あっトリペちゃん それはダメダメ
ぐいっ ぐいっ
花だんの柵を抜こうと
必死になっていました」
トリペ…
連絡帳より

トリペ

48.マンマンマー♫

トリペは腹がへると
マンマンマン マー
と泣く
↑以前のマウワウアーが変化したものと思われる
ハイハーイ ママだよー♡
マ
最初は「ママ」だと思い込み有頂天になっていたのだが…
マンマンマンマ
ギー
確かに「ママ」とは教えてないもんな～
がくっ
離乳食が遅れると怒ってよく言うので「ママ」ではないことが判明
↑しかもこの「食事＝マンマ」は園の先生が教えてくれたのであった…

おお
おっぱかー
ちょい待ちー
マニマニマー
ごきゅ
ごきゅ
最近トリペは
スポ
おっぱを自分でやめ
自分でゲップをし
げふ
自分で
おりて
……
あー
ガシャ!!
ガシャ
成長…
自分であそぶ

トリペ

49.どんどん進化!!

ぐう
朝5:30には
わしっ!!
ワシの視界
あー♡
ああっ
ココに置いていた
ねぶ
ねぶ
いつの間にか起きてケイタイをねぶっている始末
ほーへー
私がちょっとボーッとしている間に
ルラー
トリペの発達はめざましく
まるで魔法
ぐい
まずつかまり立ちをし
ギャギャギャ
スタタタタ
おムツ替え中に尻を出したまま逃げ出し

恐るべし乳児!!
すごい…っ
仕事モノをおいておけない
あー

トリペ

50.気むずかしい?

しょうげきの新事実
…それはたしか6ケ月くらいのこと…
病院にて
のど見せて…
ギャアアアア
↑断末魔
↑小児科の先生
…えーと この通り投薬が続きすぎると 怒りすぎて水分さえも 取らなくなるので、薬、最低限で おねがいします…
息して…息…
ギャアアアアア…
ア…ア…ア…
↑息止まりかけ
トリペちゃんは ちょっと気むずかしい所が ある… というか敏感なので お母さんは大変でしょうけど がんばってください
えーーっ そうなの?!
がびーーん
↑気むずかしい

もーアンタもあのコも
泣いてばっかで…あのコなんか一晩中
泣きっぱなしだったから…トリペちゃんは
おだやかね…
私の妹
仏様みたい…
母にこうやって言われてたから
「育てやすい おだやかな仏赤子《ほとけあかご》」
だと思ってた──!!!

そっかー
泣き虫で
気むずかしいほう
だったんかー!!
新事実!!
でも赤ちゃんて
そういうもんでないの?
てへ

私や妹よりも
おだやかなん
だろうよ…
ま、どうでも
いいことだがね
トリペはトリペだし

トリペ

51.ちょーだぃな

もぐもぐ
キウイ
あーっあーっ
ぬっ
あ、いるの？
すっぱくないのだろうか…
ほいっ
あ〜
もぐもぐ

もぐもぐ
びくうっ
あおおわっ
バーシバーシ

…好きだったようです…

ちなみに…
初の味…？
フルッ
カボチャのプルーン煮は食べるたびにふるえていたらしい…（保育園にて）

トリペ

52.ナゾの音

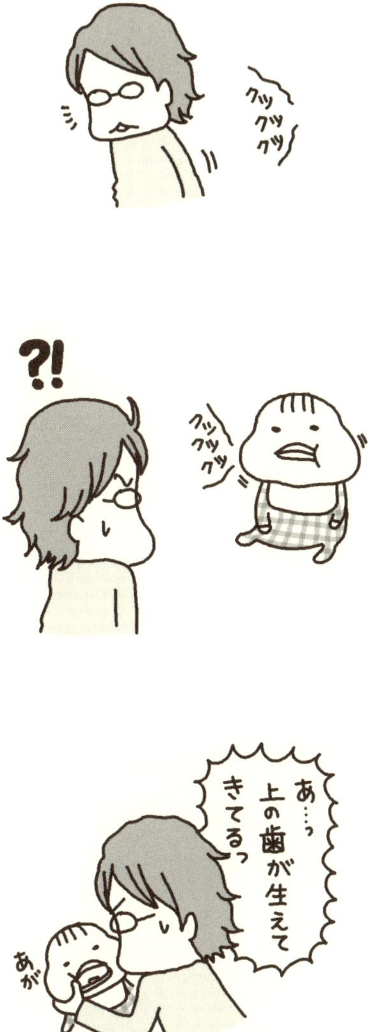
クッ
クッ
クッ
?!
クッ
クッ
クッ
あ…っ
上の歯が生えてきてるっ
あが

初☆歯ぎしり

トリペ

53. 大切な…

赤ちゃんビスケット
おいしい…
おいしい　おいしい
おいしかったね、キレイキレイしようー
あはは クズクズだ
ぱく
ぎゃあ〜〜っっ!!!
ぎゃわーん
えっなに?! どしたの?!
←5mm→ 大事なクズクズを
食べた罪は深い…

トリペ

54. ベビーカー

ギ〜
ちょ…っ 乗りなよっ
つっぱりっ
ベビーカーを拒否するように
…分かった… 分かったから…
びえ〜
ケリ ケリ
さっ
そりゃまあ こっちの方が 高くていい だろうけどさー
重!!…
ずしっ…
荷物おきば
やめて やめて
ズシッ ズシッ
スクワットされると重さ1.5倍

コンドウのこぼれコラム

8ヶ月。先輩ママに「7、8ヶ月過ぎると、全然ジッとしてないから、仕事できなくなるよ…」と聞いていて、『そうかなあ。できそうだけど』と思いながら保育園に預けたのですが、ホントにそうだった…。いきなりアグレッシブに。移動はするし、寝てるのもつまんないって分かってるし、遊んでほしいし…ジッとしてるだけの赤ちゃんから脱するのは、ホントすぐ。

トリペ

55.いつの間にか…

トリペは母が寝こんだり、家族じゅんばんに
風邪をひいている間に…

つかまり立ちを
したー!!と
思ったら

カニ歩きを
マスターし
さっさか
さっさか

ギャギャ
ギャギャ
ハイハイも
速くなり
(興にのってる時のみ。
普段はのろい)

お母さんきいてー!!
トリペちゃん1人で
2階まで上がっていって
ホールで遊びました!
すごーいっ
階段?!
階段をのぼり

スジ?!
!!
び
インゲンスティック
(インゲンをゆでたもの)
渡したらスジをとって
食べてました♡
パンを食べていると
よってくるので…
イモパン
ホイ
イモを
さし出すと
卵アレルギーなので
パンはまだ食べられ
ないのであった…
一応卵入ってない
パンだけど念のため…
イモをとって
すげー!!
もぐもぐ
自分で食べる
のであった…
あー
待って待って
バシバシ
ほじほじ
おかわりも要求

トリペ

56. おまつり

ロッカー
パカ
今日迎えにいったら
ロッカーに見慣れぬものが
あー お帰りなさーい
はて
?
シャボ
それね、今日幼児クラスでおまつりがあって見にいって買ってきたんですー♫
あとお面とペンダント!!
抱っこで見にいったのよねーっ
へー!! いいねェ トリペ!!

夏の思い出
お気に入り
記念写真とりました
危ないからね
はい!! じゃあホチキスついてるからくださーい!!
うわあああ
ごめん—っ でも危ないからさー あなた食べるでしょ
トホホ…
わあああ
かわいそう
トリペ初めての夏
初めての祭り…

トリペ

57.お休み前のひとあそび

ガサゴソ
ゴソ……?
ギャーッ
目の前に尻!!
ドカッ
ぐはっ
ウ…っ思いがけんコトをしおって…
びょんっ
おりゃーっ寝るんじゃあっ
ガッ
ギャギャギャ
あっ
ポカ
…なにやってんの…

トリペ

58.喝采

ねるじょー
ねらむれ～ ♪ ♫
!
?
ガバッ
パチパチパチ
あ"ー♡
あ…ありがとうございます!! 拍手はいいですから寝ましょう!!
称賛!!
そ…なら寝ましょう
ねらむれ～ ♫ ♪
!!

がばっ
パチ
パチ
パチ
あ…どうも
どうも…
でもいいからね

こんなやりとりを
20回程くり返し

ね〜むれ‥♪
ヨロ

やばい…
噴き出しそう…
ゆら
もう目が
あかない
何とか
えがお

おっおっ…
手、あがるか?!
拍手いけるか…?

力つきた―っ
バターン
ぶっ
スー…
スー…

それから4時間後…
おっ?
起きたか?
フエ…
まだ
やってる!!
パチ
パチパ……
ぶっ
律義だなあ…

トリペ

59. 魔のループ

今日はトリ団子と野菜スープとのりがゆだじょー
まうー
トリペは食いしん坊のくせに
すぐ離乳食にあきて毎回「眠いフリ」をする。
（目をこすってうつむく）
ああ…ねむいねむい
ねむすぎて
もうごはん
食べらんなーい
困った困った
ゴシゴシ
むっ
出たな…
ねむいはずないでしょーが
毎日毎日…さっきまで
寝てたじゃーん
ぬっ
ヨロ…
いいえ…
もう眠くて
眠くて…
どうしても
おろしていただけ
ないのなら
ぐっ
？
お？
自分で
おります
ひょいっ
半分
おりてた
ギャアアアアア
だっ

それでイスからおろして大人がご飯になると…
…
いただきます

お前さんはも〜
アフアフアフ
ワシにもっワシにもくれっ

大急ぎで寄ってきて欲しがる

満腹
つまみ食い
ご飯(少量)
腹へる
またまた悪循環
ほいっ
もくっ
…つまみ食いのほうがおいしいのは分かるけどさ〜〜

トリペ

60. まさかの…

子連れはよく話しかけられる
あらあら かわいー 坊ちゃん
どうもー♡
違うけど… 嬢ちゃんだけど
訂正するのも 面倒くさいので…
「坊ちゃん」は慣れっこ

あのね 太ってるのを 気にしちゃダメよ!! そのうちスッと 背がのびて スラリと するんだから!!

……
……
気にしちゃ だめよー

えっ
うちの子って 太ってるんスか?!
ガビーーーン
衝撃～!!!
気にしちゃ だめよっ…て 感じてもなかったよ!!

トリペ

61.今だけのたのしみ

たしか2ヶ月くらいの時からなんだけど

私の気に入っているトリペのしぐさ
それは夜起きる時

ふえー
ハイハイ

やるかな やるかな
ワクワク
ふえぇ…

抱きあげると

イーっ
やったー♡

なぜか片手をつきあげ、片手を
あごの下に…ウルトラマンのような
ポーズをとるのだ…

イーっ
今日はハズレ
これもかわいいけど

ちなみに両手があごの
バージョンもある

いつかはやらなくなっちゃうのね…

夫のスキなくせは
もうやらなくなってしまった…
…
こね
こね
こね
ひざや手に
こねこねと
手をこすりつける

ねえ…
残念だよー…

トリペ

62. バスでの出会い

バスに乗った

前には女子高生が…

おどろかせて すみません…

トリペ

63.これこそ親子…!

お母ちゃんの手につかまんなー
ほーらトリペ こっちおいで
チラ

初めは信用がなく

プイ
……

見向きもされず"

命づな

そのうち片手をどこかについてなら
片手をさし出してくれて

そのうち 両手でもOKとなり

そのうち 背中でも

えがお!!

そのうち
足でも信用して
もらえて…

ついに今日!!
おりでー
寝ころんでいる私に

両手をバンザイして
真横に倒れてきた
うわっ ホントにきたっ
トリペが
最大限の信頼を…!!

がっしリ
あー うれしい♪

トリペ

64. さっ

トリペ

65. 拍子抜け

トリペがまた熱を出した
!
げえ
ただ今
38.6℃なり
カゼ
40℃
まうわ
突発性発しん
41℃
ラブー
りんとう炎
40.1℃
毎月恒例のように高熱を出すトリペでありますが
母ちゃんっ米食って!米!!
セコンド
ミオ ミオ
他で水分とってー!!
もう出ないよー果汁のみなよー
まうわーっ
1時間ごとくらいにオッパを欲しがりしまいには出なくなる…
トリペは熱を出し機嫌が悪くなるとオッパ以外受けつけなくなるので高熱はキツイのだ…
ヨロ
げそっ
不機嫌
オッパばかり
オッパ出なくなる
水分がとれない
熱下がらん
魔の悪循環
(1週間はつぶれる…)
おまけに私も体力吸いとられるしよう…

…と言ってても仕方ないので米をたらふく食って(↑おっぱの素)備えていたら
カーーン!!
えーいいっ何度でも出したろうやないか!!来い!!高熱!!
あ
つかまり立ち
元気じゃーん
およっ!?
39℃を最高に2日でクールダウン!!
…ホントにもう下がるの?すごーい!!
ちょっと拍子抜け…
あー
40℃いかないって素晴らしい…!!!

コンドウのこぼれコラム

9ヶ月。この時期はよく熱を出していたなー。40℃なんて当たり前だった…。水分補給もずっと乳にしてたのは失敗だった…。完全赤ちゃん時代から、ほにゅうびんで水分も与えておくべきだったと思いました。水分が十分に取れず、一度点滴も経験。次女のときはその点を学習し、ほにゅうびんで水分もよく与えていたので、どんなに熱を出しても水筒を手放さず、お医者さんに褒められます…。

かわいーー
かわいー〜
そうか!! これはカワイー!!
にぃ〜
これは喜ばれるお顔!!
…と気づいたようで
四角い…
にぃ〜
自分の中の最高の笑顔で
近寄ってくる…

第4章

10〜12ヶ月

トリペ

66.うばいあい

10ケ月の赤ちゃん
自己主張がはっきりしてきます。自分の持っているおもちゃをとられると泣いて怒り、返されるまで大泣きしたりします
~育児書より~
えーとこれは…
保育園の連絡ノートをとめるゴム
あっちょっとこれはダメッ
別にいーじゃん危ないものでもなし…
ギ…
ぐ
ぐぃ
だめだってば
あ――っ!!
あ――!!
あ――!!
ぐぃ
ぐぃ
パ…
あ…
トリペッ
ゴンッ
ゴンゴロリン
勝った…けど…
ギャー!!
だって…トリペが…
あーあ
大変大変…

トリペ

67. お迎えにいったら

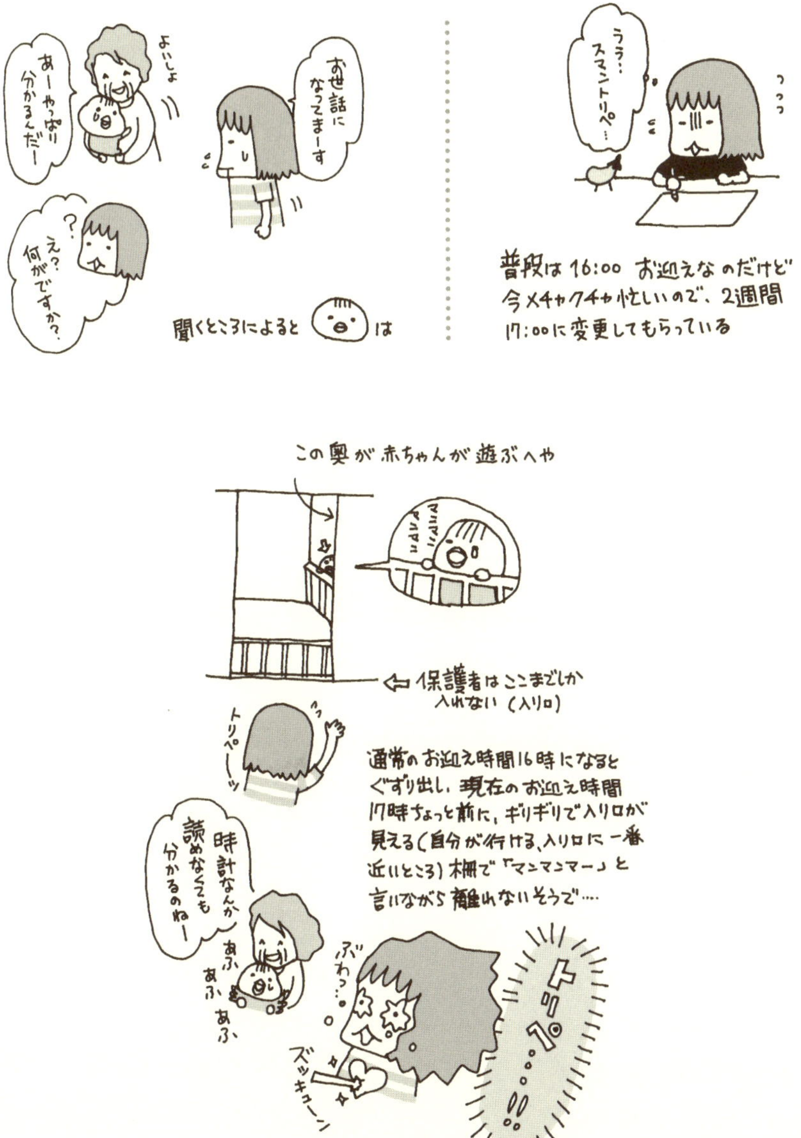
お世話になってまーす
よいしょ
あーやっぱり分かるんだー
え？何がですか？
聞くところによると は
うう…スマントリペ…
普段は16:00 お迎えなのだけど
今メチャクチャ忙しいので、2週間
17:00に変更してもらっている
この奥が赤ちゃんが遊ぶへや
マンマンマー
保護者はここまでしか入れない（入り口）
トリペーッ
通常のお迎え時間16時になると
ぐずり出し、現在のお迎え時間
17時ちょっと前に、ギリギリで入り口が
見える（自分が行ける、入り口に一番
近いところ）柵で「マンマンマー」と
言いながら離れないそうで….
時計なんか読めなくても分かるのねー
あふ あふ あふ あふ
ぶわっ…
ズッキューン
トリペ…!!

トリペーッ
はやく帰って
おいしいごはん
食べようねえ
がしょ
がしょ
がしょ

おにぎりと
かぼちゃ団子と
野菜スープよ
うふふ

べっちん
かぼちゃ団子

元気がなにより
ツー…
かぼちゃ

トリペ

68.フリフリ

つかまり立ち…
お〜トリペー
さっ
フリフリ
ははは
上手上手…
パチパチ
フリフリ
さっ
!!
た…
立ってる!!
お…
おおっ…
ス…
本人は気づいてたか 分かりませんが
5秒ほど 1人で 立ってました…

トリペ

69.おっぱいの行方

10ヶ月を迎え…
おっぱいは最低でも1歳半まであげて!
おっぱい先生
以前の小児科先生や母
1歳くらいで卒業でしょ
うぬ〜
おっぱいを赤ちゃんから取りあげないで
1歳半までがんばろ〜
友だち
1歳にはね〜もっと早くても…
保育園
断乳か卒乳か…悩みどころ。
本人がやめるのを待つ
ある時期にスパッとやめる

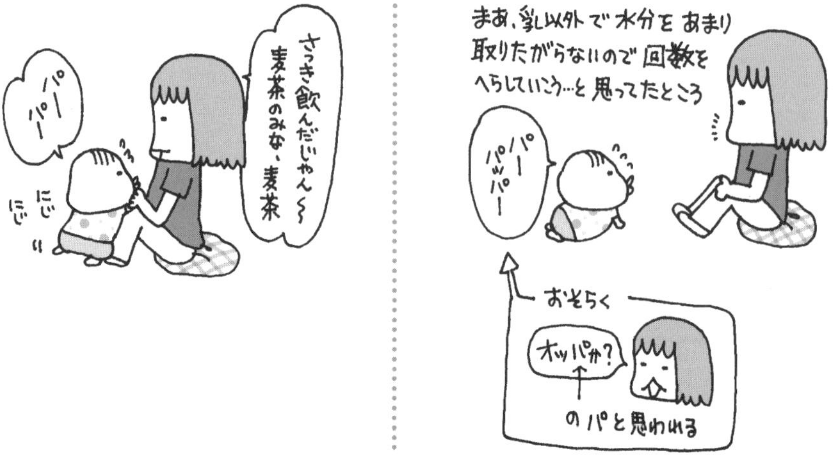
まあ、乳以外で水分をあまり取りたがらないので回数をへらしていこう…と思ってたところ
パーパッパー
おそらく
オッパか?
のパと思われる
パーパー
にじにじ!!
さっき飲んだじゃん〜麦茶のみな、麦茶

パー…ッパ～
わああああ…
泣かない泣かない さっき飲んだでしょ!!
1時間前!!
保育園から帰ると1日分を
取り返すかのように何度も飲みたがる…
休日はそんなにひんぱんではない…
精神安定のためだろうなあ…
ホロリ
必技!!
お願いポーズ!!
パァァ…
うわぁ～
手を組んでいる!!
正座
な…なんてポーズを…!!
ズキューン!!
飲むがよい飲むがよい…
ごきゅごきゅ
しかし、あらかた乳を飲むと
えっ
スポッ。!!
…乳以外で母に甘えたい…という欲求はないのかね? キミは…
……。
たったかたったか
ケロリ

トリペ

70. 海

波よ!! トリペちゃん!
お山だぞ〜
おじいちゃん
帽子はなげるので頭にスカーフをまかれた
バシッ
ザザーン…
海にきました
ほらー こうやって お水チャプチャプして…
ザ…
より…
ギャー!!
ビクー
プーン
し…ん
砂がイヤなのか 波がコワイのか
直立不動でかたまるトリペ
ほらー トリペ おいでー
海はたのしいよー

あートリペ びっくりした？ 大丈夫 大丈夫!!
ぎゃあ～!
ははっは
ワァ ワァ
わー すいません～
アキちゃん タオルもってきたから!!

…トリペー 海たのしーよ…
どの口が言っとんじゃ
…それから一切 砂の上に 下りなかった…

トリペ

71.できます

おばちゃんと仲よしだもんねー
あーとは？
あーとっ!!
ペコ
ペコ
バナナいただいた

ありがとうができます

こんにちはしてー
ぺこん
乳児だが基本は正座

こんにちはができます

パープー
パープー

ラッパもふけます

ユラ ユラ

バイバイができます

チカッ チカチカチカ チカー―ン
フリ
フリ

おどれます

ちょーだいっ
ホイっ

「ちょうだい・どうぞ」ができます

そう…ちょーだい…
チラ
こらあっ
もしゃり

ムシもできます

こーら それは食べちゃだめっ ちょーだいっ
!!
あむー

ティッシュがスキです

トリペ

72. やった!!

いやー…びっくりしました…

トリペ

73.どこで覚えた?

あんがとー
ぱくっ
ひとくちたべては…
もしっ
またくれるの?
??
またひとくちくれる
わるいねエ～
えっまたくれるの?!
小さな赤ちゃんせんべいを分けあったり…

私たちは仲よしだった…
ほい
1つのバナナを分けあったり
何気なく見ていただけ
えっくれるの?!
赤ちゃんせんべい

してたのにっ!!!
くれるの?! ありがとう
♫ あ〜む
えっ?!
スカッ
ひゅいっ
ちょっと!! どこで覚えた そんなことっ
ガーン
ニヤ ニヤ
モグ モグ

「あげるフリして寸前でひっこめて
相手のほうけた顔をみてほくそ笑む」
を覚えました

トリペ

74. 父の愛

ご飯後のトリペ
う…っ きたな…
ドローーン
←のり
何の話？
…池にトリペをおとしちゃってさ
池から神サマがあらわれて
お前がおとしたのはこの金のトリペか銀のトリペか？
って聞かれたら さー
いいえ、私がおとしたのはのりだらけでドロドロで鼻もたらして汗っかきの汚いトリペです!!
そうか、お前がおとしたのはこれだな
トリペッ
ドローーン
…って言うな きゃぬーー♫ さあ洗うぞっ のりマーン!!
ギャギャギャギャッ
ワーワー
ギャー
ガブー
ねー…どうする？ 金と銀のトリペもくれたら…
ちょっと…

トリペ

75.朝の攻撃

のし
んぐっ
のしのし
顔をふむ
ギュー
イタイタイタイ
髪をひっぱる
がー
うう
脱走…
今までは1人で勝手に起きて
遊んでたのに…
あっ
つまんない
すー
ぐもー

あだだだだっ
あぐっ
足をかむ
…といろんな攻撃をしかけてくる…
お母ちゃん寝たの2時…
あの…さ…6時前なのですが
ハイバイバ〜…
フリフリ
…ィ
あっこの油断したらすぐ…!!
ぐぎー!っ
いたいいたいいたい
寝るなー!っ
布団際の攻防…

コンドウのこぼれコラム

10ヶ月。いろんなものが食べられるようになり、コミュニケーションもとれ出し、毎日が新しい発見だったように思います。『え？ こんなことできるようになったんだー!』とびっくりしたり。教えていない大人のマネをして、よく見ているなーと思ったり。しかし、なんで赤子は人の顔の上を横断するんですかね。なんで人の顔の上で寝たりするんですかね。まあ、その自由さというか重みというか…結構お気に入りではあるのですが。うちだけでしょうか。

トリペ

76.トリペはスター

黒子
フリフリ
おぉーっ
バイバーイ
すごーい
パチパチパチ
障子の間をいったりきたり
黒子たち。
こっちも…
トリペはスター!!
ほとばしる汗!!
汗だく…
観客が見ている間中、ずっと手をふり
往復をくりかえしたが
20往復はしたわ…
ワー
すごいすごい
やんややんや
お手ふり
みんな見たか見ていたか
スッ
くるっ
あぶないっ
ちなみに
観客がいない時は
やらないのだった…
あれ?
やんないの?
……
なかよしつみき

77.いっしょ①

ひいばあちゃんをマッサージよ～
きもちー
トリペちゃんもモミモミしてー
モミモミしなー
?
?
コロン
トリペちゃーんっ もんでもらうほうじゃないのっ
アハハハハ
トリペ…
同じポーズ…

トリペ

78.いっしょ②

あづい
トリペは ちょっぴり おなかの調子が よくないから
ハラマキ
……
整腸剤のまんとねー
こね こね
ほいっ
ゴキュ
……
あー
あー
コネ
コネ
色々と大人のマネをするように なりました…

トリペ

79.トリペのことば

マンマッ
一緒か…

パーッパッ
ホントに呼ばれているのかしら…

ねんね〜〜

ブーブッ

びくっ
ワンワッ
一番はっきりしている…

びっくー

だっ
…
ほら ワンワ びっくりするから…
ワンワー
見えなくなるまで叫ぶ…

なんでイスから脱走するんですかー 座って下さーい
……
トマト
(いらないらしい…)
もぐ
仕方ないなー… おいしーのにー
いいよー トリペが食べなよー
ぐい
ぐいーっ
どじょっ
※どーぞ
じょーじゅっ
※上手
パチパチ
…ありがとうございます…

トリペ

80. わけわけ

お…おいしい？
ぼり
がり
ごり
？
スッ
えっ
ホイッ
ボリ
ボリ
ボリ
…両方食べるんだ…

ジャ〜〜ン
すごぃっ “1”ができるように!!
…これで来月から才!!
ができます…!!

コンドウのこぼれコラム

11ヶ月。立ち出すと、とたんに幼児な感じ。上下分かれた服を着始めると、赤ちゃん期も終わる感じ。あんなに大変だったのに、なんでこんなに寂しく思うのでしょうか。立ってくれると、外でトイレに入る時とか、だいぶん楽なのでいいです。イスがないと、抱っこしながら用を足していたのもいい思い出。でも立つと、私の付属品感が薄れて、寂しい気持ちでいっぱいなのです。ありがたいことなのに。母は複雑。

トリペ

81.1歳!!

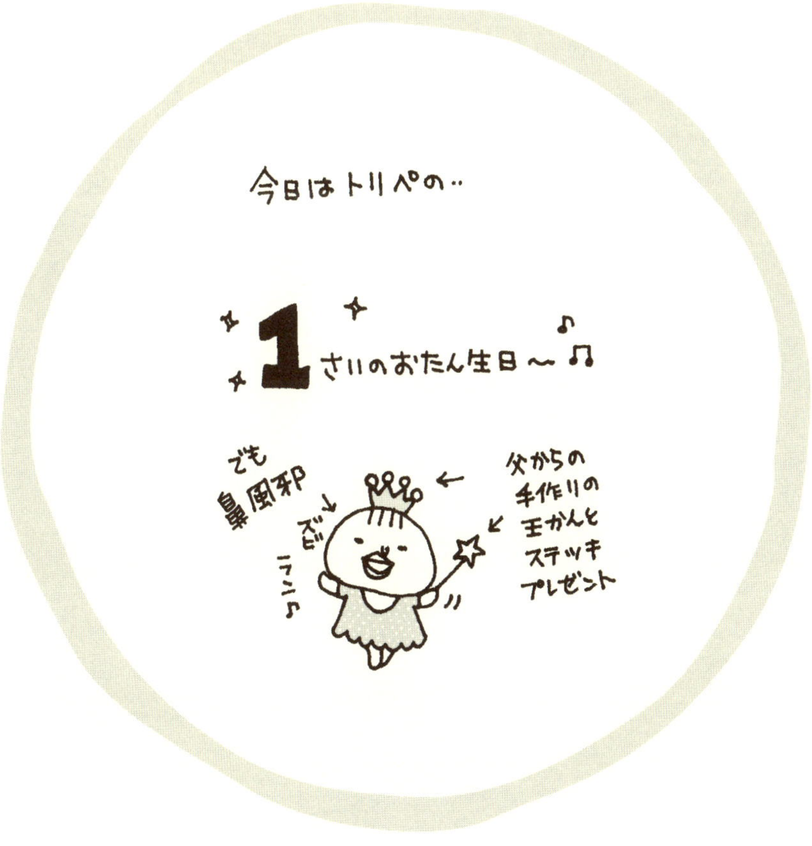
今日はトリペの‥
1さいのおたん生日～♫
でも鼻風邪
ズビ
ラン♪
父からの手作りの王かんとステッキプレゼント

あらっ意外と上手にできたわーん♡
トリペは卵慣らし中なのでケーキならぬモモのゼリーでお祝い
←母からのプレゼント
Happy Birthday to you
ビデオ
ズビ
ああっ母の苦心の作が1秒で…!!
あーっ あーっ
ぐぐ
いやー分かってはいたんスよ…
はは…は…
ああっ
テコ… テコ…
トリペが歩いたっっっ
(しかもビデオさつえい中!!)

1歩
2歩

3歩
4歩

5歩
6…
どしゃ

すごー!! トリペッ すごおーいっっ
ニヤーッ
パシャー パシャー
天才や 天才やあーっ
とてもよい誕生日でした

おわりに

『トリペと　妊婦、はじめました』から2年。
続きといいますか…トリペが0歳のときにHPに描いていた日記を一冊にまとめました。

もう5年も前の絵日記で、正直読みづらい箇所も多いのですが、それでも初めての子育てをしながら、必死にそのときのトリペの様子を描いたものなので、私には感慨深い一冊になっています。

思えば自分なりにですが、一生懸命子育てをしていました。

とにかくトリペが元気で一日を過ごしてくれることを祈り、分からないなりに、トリペのベストを探して奔走していた気がします。

乳のこと。寝ないこと。卵アレルギー。保育園問題。
しゃべることができない0歳のトリペのことを必死で考える1年。

そのとき判断したことがベストだったかは、分かりません。
ただ、現在5歳になったトリペがパンツ1枚で舌を出し、
白眼でアホ顔をして、ゲタゲタ笑いながら、踊っているのをみると、

児童館で先輩ママに
悩みを相談…
あの…いつ頃から髪っておりてくるんですか？
えっ…うちは初めから…
ママー
チーン…

…なんといえばいいのでしょう……。

赤ちゃんを抱えて、いろんなことに悩んで悩んで一生懸命になっている
お父さんやお母さんに、「なるようになりますから…。あんまり心配しないで」と
伝えにいきたくなります。
そして、その言葉は、私が
母や、保育園の先生、病院の先生、先輩ママにもらった言葉でもあります。

0歳は大変。
でもかわいかったなあ。本当にかわいかった。
できれば、もう一回、0歳のトリペに会いたい。
あのデブデブの重かったトリペを抱っこしたい。
かなわぬ夢なので、余計にそう思うのです。

末筆になりますが、先輩ママとしてよく相談にものってもらう編集岡部さん、
かわいいデザインをしてくださったシラキハラさん、作業を手伝ってくれたS嬢、
本書を手に取ってくださったみなさまに、たくさんのお礼を。
もちろん、夫とトリペと、次女モッチンにも。
みなさん、ありがとうございました。

2011年　吉日　コンドウアキ

オカアチャン1年生
トリぺと❷

コンドウアキ
キャラクターデザイナー・イラストレーター・作家。文具メーカー勤務を経て、フリーに。「リラックマ生活」シリーズほか、「うさぎのモフィ」「おくたん&だんなちゃん」（以上、主婦と生活社）など著作多数。
HP http://www.akibako.jp
twitter @kondo_aki

著　者　コンドウアキ
編集人　殿塚郁夫
発行人　永田智之
発行所　株式会社主婦と生活社
〒104-8357　東京都中央区京橋3-5-7
編　集　03-3563-5133
販　売　03-3563-5121
生　産　03-3563-5125
振　替　00100-0-36364
ホームページ　http://www.shufu.co.jp
印刷・製本　図書印刷株式会社

デザイン　シラキハラメグミ
彩色アシスタント　宍戸奏子
校　閲　別府悦子
編　集　岡部桃子
Special thanks to TAROICHI&TORIPE

Printed in JAPAN
ISBN978-4-391-13934-1